BOEKANALYSE

AF132005

Trots en vooroordeel

· · · · · · · · · · · · · · · ·

JANE AUSTEN

BOEKANALYSE

Geschreven door Mélanie Kuta
Vertaald door Nikki Claes

Trots en vooroordeel

Jane Austen

JANE AUSTEN

ENGELSE SCHRIJVER

- **Geboren in Steventon in 1775**
- **Overleden in Winchester in 1817**
- **Opmerkelijke werken:**
  - *Trots en vooroordeel* (1813), roman
  - *Emma* (1815), roman
  - *Persuasion* (1818), roman

Jane Austen was een Engelse letterkundige, geboren in 1775 en overleden in 1817. Als dochter van een rector van de Anglicaanse kerk en lid van de Engelse goede maatschappij groeide ze op omringd door haar zes broers en haar zus. Haar ouders konden het zich niet veroorloven haar lange studiejaren te bieden, dus haar onderwijs kwam van haar vader, haar broers en de familiebibliotheek, die bijzonder goed was uitgerust en waartoe zij gratis toegang had. Ze is nooit getrouwd en heeft haar hele leven bij haar familie gewoond.

Haar werken bevatten vaak kritiek op de sentimentele romans uit de tweede helft van de achttiende eeuw. Jane Austen hekelt de afhankelijkheid van de vrouw van haar man. De belangrijkste romans die tijdens haar leven werden gepubliceerd zijn *Sense and Sensibility* (anoniem gepubliceerd in 1811), *Trots en vooroordeel* (1813), *Mansfield Park* (1814) en *Emma* (1815).

TROTS EN VOOROORDEEL

EEN ROMAN VOL HUMOR EN SENTIMENT

- **Genre:** briefroman
- **Referentie-uitgave:** Austen, J. (1853) *Pride and Prejudice*. Londen: Spottiswoodes en Shaw.
- **1ᵉ editie:** 1813
- **Thema's:** liefde, huwelijk, sociale klasse, vrouwen, maatschappij

Trots en vooroordeel is de populairste roman van Jane Austen, en was het eerste dat zij schreef. Het manuscript, aanvankelijk getiteld *First Impressions, werd* in 1797 door een redacteur afgewezen. In 1809 begon Jane Austen de roman te herzien en in 1813 werd het anoniem gepubliceerd onder de titel *Trots en vooroordeel*, twee jaar na de publicatie van *Sense and Sensibility*.

Deze romantische komedie is opgedeeld in drie delen en speelt zich af tijdens de Napoleontische oorlogen (1797-1815) in Longbourn op het Engelse platteland. Jane Austen schetst een samenleving die extreem gekenmerkt wordt door sociaal onderscheid en waar het sociale bewustzijn van het behoren tot een bepaalde klasse zeer sterk is. Het verhaal wordt verteld door de ogen van Elizabeth Bennet, de hoofdpersoon van *Trots en vooroordeel*.

SAMENVATTING

BOEK I

Hoofdstukken 1-4

De aankondiging van de komst van een rijke jongeman, Charles Bingley, naar het landhuis Netherfield Park zorgt voor veel opwinding in Longbourn, vooral bij de Bennets. De familie heeft vijf dochters: Jane, Elizabeth, Mary, Catherine en Lydia, die allen nog ongehuwd zijn. Hun moeder, mevrouw Bennet, ziet de komst van de jongeman als een kans om met een van haar kinderen te trouwen.

Ze ontmoeten elkaar een paar dagen later op een bal. Mr. Bingley wordt vergezeld door zijn twee zussen, zijn zwager en een vriend genaamd Darcy, die bijzonder hooghartig en onaangenaam is, vooral tegenover Elizabeth.

Hoofdstukken 5-8

Discussies over het bal ontstaan opnieuw wanneer de dochters van Sir William Lucas, de buurman van de Bennets, op bezoek komen. De oudste, Charlotte, gaat in op Darcy's houding tegenover Elizabeth.

Op een ochtend ontvangt Jane een uitnodiging voor een diner van Caroline Bingley, de zus van Charles. Omdat er die nacht kans is op regen, stuurt mevrouw Bennet Jane te paard naar Netherfield, zodat ze daar de nacht moet doorbrengen.

De volgende dag wordt Jane onwel. Elizabeth besluit zich bij haar te voegen en brengt vele avonden door met Mr. Bingley en zijn metgezellen.

Hoofdstukken 9-12

Terwijl Jane bedlegerig is, geniet Elizabeth ervan Darcy uit te dagen, die betoverd wordt door de jonge vrouw. Alleen hun verschil in sociale klasse weerhoudt hem ervan zijn gevoelens vrijelijk te uiten.

Wanneer Jane hersteld is, keren de zussen terug naar huis.

Hoofdstukken 13-17

De Bennets krijgen bezoek van Mr. William Collins, neef van Mr. Bennet en geestelijke, ten dienste van Lady Catherine de Bourgh. Hij is het die het familiebezit zal erven na de dood van Mr. Bennet.

In Meryton ontmoet Lydia een van haar officiersvrienden die haar voorstelt aan een nieuwe rekruut, Mr. Wickham. Darcy en Bingley komen hen toevallig tegen en Darcy is erg kil tegenover Wickham.

Tijdens een diner praat Wickham met Elizabeth en vertrouwt haar toe dat Darcy zijn financiële toekomst in gevaar heeft gebracht. Dan ontdekt ze dat Darcy de neef is van Lady Catherine de Bourgh. Haar minachting voor hem wordt nog groter.

Hoofdstukken 18-23

Tijdens een bal op Netherfield raadt Miss Bingley Elizabeth aan op te passen voor Wickham, een advies dat zij in de wind slaat. Tijdens het diner maakt mevrouw Bennet zichzelf belachelijk door te spreken over het mogelijke huwelijk van Jane en meneer Bingley.

De volgende dag vraagt Mr. Collins de hand van Elizabeth. Zij weigert, wat de woede van haar moeder oproept. Mevrouw Bennet vraagt dan haar man om hulp, die instemt met de beslissing van zijn dochter.

Jane ontvangt een brief van Miss Bingley met de mededeling dat Bingley en zijn metgezellen voor onbepaalde tijd naar Londen vertrekken. Ze is er kapot van.

De Bennets vernemen dat Mr. Collins met Charlotte gaat trouwen. Elizabeth is geschokt door dit nieuws.

BOEK II

Hoofdstukken 1-3

Mr. Gardiner, de broer van Mrs. Bennet, en zijn vrouw komen naar Longbourn voor Kerstmis. Gezien Jane's verdriet vragen ze haar of ze mee wil naar Londen. Ze accepteert, in de hoop Mr. Bingley tegen te komen. Mevrouw Gardiner merkt de aantrekkingskracht van Elizabeth op Wickham en waarschuwt haar voor de man.

Hoofdstukken 4-11

In maart bezoekt Elizabeth Charlotte in Hunsfort, waar zich de pastorie van Mr. Collins bevindt. Ze dineren allemaal in Rosings, in het huis van Lady Catherine de Bourgh, die onaangenaam is tegen Elizabeth en haar gebrek aan opleiding bekritiseert.

Darcy en een neef, kolonel Fitzwilliam, komen hun tante bezoeken. Fitzwilliam vertelt Elizabeth dat Darcy er prat op gaat onlangs een vriend te hebben gered van een onvoorzichtig huwelijk. Ze begrijpt dat hij het heeft over het huwelijk van haar zus met Bingley.

Later, als ze alleen zijn, bekent Darcy zijn liefde aan Elizabeth en vraagt haar ten huwelijk, ondanks haar sociale minderwaardigheid. Elizabeth weigert eerst beleefd, maar beschuldigt hem er vervolgens heftig van dat hij het huwelijk van haar zus en de financiële toekomst van Wickham heeft gesaboteerd. Ze voegt eraan toe dat hij een arrogante, trotse en minachtende man is, en dat ze nooit met hem zou trouwen. Darcy vertrekt.

Hoofdstukken 12-19

Voordat hij Rosings verlaat, geeft Darcy Elizabeth een brief waarin hij toegeeft te hebben geprobeerd de verbintenis tussen Bingley en haar zuster te verbreken. Hij verklaart ook zijn conflict met Wickham: de laatste heeft, na een poging om Darcy geld af te persen, geprobeerd met zijn zuster Georgiana te trouwen om haar fortuin in handen te krijgen. Elizabeth, geschokt door deze onthullingen, schaamt zich dat zij de verhalen van de officier zo gemakkelijk heeft geloofd.

Elizabeth keert samen met Jane terug naar Longbourn. Lydia wordt door de vrouw van kolonel Forster uitgenodigd om de zomer door te brengen in Brighton, waar de officieren naartoe gaan. Mr. Bennet stemt toe.

In juli vergezelt Elizabeth de Gardiners op hun reis. Ze komen aan in de buurt van Pemberley, het huis van Darcy. Wanneer ze vernemen dat de eigenaar weg is, stemt Elizabeth in met een bezoek.

BOEK III

Hoofdstukken 1-3

Darcy maakt zijn entree in Pemberley en is uiterst hoffelijk tegen zijn gasten. Elizabeth is in verlegenheid gebracht en verzekert hem dat ze er alleen mee instemde om te komen omdat ze dacht dat hij er niet was.

Hoofdstukken 4-7

Elizabeth ontdekt dat Lydia is weggelopen met Wickham en dat de familie niet weet of ze getrouwd zijn. Lydia's reputatie en die van de hele familie Bennet staat op het spel. Elizabeth vertelt Darcy alles en vertrekt dan naar haar familie.

Mr. Gardiner vindt uiteindelijk het buitenechtelijke paar en haalt de officier over om met Lydia te trouwen. De Bennets zijn ervan overtuigd dat de Gardiners hem geld hebben gegeven. Mevrouw Bennet barst van vreugde bij de aankondiging van hun huwelijk.

Hoofdstukken 8-13

Wickham en Lydia keren terug naar Longbourn. Elizabeth verneemt van mevrouw Gardiner dat het Darcy was die het jonge paar vond en Wickham betaalde, uit liefde voor haar.

Darcy en Bingley keren terug naar Netherfield Park en gaan verschillende keren naar het Bennet huis. Bingley vraagt Jane's vader om haar hand, die deze accepteert.

Hoofdstukken 14-19

Lady Catherine de Bourgh komt op bezoek bij de Bennets en vraagt Elizabeth te spreken. Ze brengt haar op de hoogte van een gerucht dat Darcy van plan is met haar te trouwen, wat ze belachelijk vindt. Elizabeth verdedigt zich en weigert zich te laten intimideren. Lady Catherine vertrekt woedend.

Tijdens een wandeling bedankt Elizabeth Darcy voor zijn vrijgevigheid tegenover Lydia en vertelt hem dat haar gevoelens voor hem zijn veranderd: ze aanvaardt zijn huwelijksaanzoek. Mr. Bennet, die eerst verbaasd is, stemt in met het huwelijk.

Kort na de twee huwelijken vestigen Bingley en Jane zich in de buurt van Pemberley. Kitty wordt weggehouden van de slechte invloed van haar zus Lydia, die vaak om geld bedelt bij Elizabeth en Darcy, en buitensporige bezoeken brengt aan de Bingleys. Elizabeth en Georgiana worden goede vriendinnen. Uiteindelijk accepteert Lady Catherine de verbintenis van zijn neef.

KARAKTERSTUDIE

ELIZABETH BENNET

De hoofdpersoon van de roman is de tweede van de vijf Bennet-dochters. Ze is mooi en heeft zeer expressieve ogen. Vol humor en gezond verstand drukt ze zich met gemak en intelligentie uit. Ze observeert graag het gedrag van de mensen om haar heen.

Ze oordeelt echter vaak iets te snel over degenen die haar omringen. Dit leidt ertoe dat ze zich vergist in de ware aard van anderen, waaronder Wickham en Darcy, en vasthoudt aan haar aanvankelijke vooroordelen voordat ze haar fouten inziet. Ze is zeer zeker van zichzelf en laat zich niet gemakkelijk intimideren, zelfs niet door mensen uit een hogere sociale klasse.

MR DARCY

Als zoon van een zeer rijke familie bezit hij het landgoed Pemberley in Derbyshire. Hij is ook de neef van Lady Catherine de Bourgh en de beste vriend van Mr. Bingley. Hij is het mannelijke equivalent van Elizabeth en de lezer beseft al snel dat hij voor haar gemaakt is.

Hij heeft een snobistisch en arrogant voorkomen, zijn rijkdom en status maken hem tot een zeer trots man en hij is zich bewust van zijn sociale superioriteit. Net als Elizabeth is hij openhartig en oordeelt hij snel over de mensen die hij ontmoet. De weigering van Elizabeth om met hem te trouwen zet hem echter aan tot meer nederigheid en herwaardering van zijn pretenties.

Hij is ook een zeer gulle man: hij aarzelt niet om Lydia en de familie Bennet te helpen. Zo geeft hij blijk van een sterke betrokkenheid bij Elizabeth, ondanks de armoede en het gebrek aan fatsoen van de Bennets.

JANE BENNET

Jane is de oudste en mooiste van de zusjes Bennet. Ze is terughoudender en zachter dan Elizabeth, met wie ze een echte medeplichtigheid deelt. Ze gelooft in de goedheid van iedereen en tempert de snelle oordelen van haar zus. Ze voelt zich snel aangetrokken tot Charles Bingley, maar vermijdt openlijk haar gevoelens te uiten, wat Darcy doet geloven dat ze niet echt van hem houdt.

CHARLES BINGLEY

Bingley is een rijke jongeman, die zich aan het begin van de roman in Netherfield castle vestigt. Zijn karakter lijkt sterk op dat van Jane, op wie hij vrijwel onmiddellijk verliefd wordt. Zijn eenvoud en onverschilligheid voor sociale klassen zijn het tegenovergestelde van die van Darcy, die zijn beste vriend is.

MR. BENNET

Als vader van de Bennet-meisjes is Mr. Bennet cynisch en steekt hij graag de draak met de domheid van zijn vrouw. Hoewel hij van zijn dochters houdt, vooral van Elizabeth, die erg op hem lijkt, toont hij een zekere afstandelijkheid ten opzichte van hun echtelijke beslommeringen en faalt daardoor in zijn vaderlijke rol.

MRS. BENNET

De moeder van de Bennet meisjes, ze is luidruchtig, onnozel en irrationeel. Haar enige doel in het leven is het uithuwelijken van haar dochters. Haar gebrek aan onderwijs en haar ongepaste gedrag verminderen echter haar kansen om echtgenoten te vinden. Ze is meer begaan met de financiële zekerheid van haar kinderen dan met hun geluk.

GEORGE WICKHAM

Deze charmante man is geobsedeerd door rijkdom. Als gokker zonder scrupules probeert hij Darcy op te lichten voor geld en met diens zuster Georgiana te trouwen om haar fortuin in handen te krijgen. Aanvankelijk aangetrokken door zijn schoonheid en charisma, neemt Elizabeth later afstand van hem vanwege Darcy's onthullingen over zijn duistere verleden, die haar tegelijkertijd dichter bij Darcy brengen.

LYDIA BENNET

Lydia, de jongste van de zusjes Bennet, is onvolwassen en in zichzelf gekeerd. Zij lijkt het meest op hun moeder. Impulsief, ze denkt niet na voor ze handelt, wat bijna tot haar ondergang leidt.

MR. COLLINS

Mr. Collins, een zeer pompeuze en enigszins domme geeste-lijke, staat onder bescherming van Lady Catherine de Bourgh, waar hij de mensen graag onophoudelijk aan herinnert. Hij is de neef van Mr. Bennet en zal na diens dood het landgoed Longbourn erven, omdat het hem toebehoort. Nadat Elizabeth weigert met hem te trouwen, trouwt hij met Charlotte Lucas.

CHARLOTTE LUCAS

Charlotte, een goede vriendin van Elizabeth, is niet bijzonder knap. Ze is erg pragmatisch en beschouwt liefde niet als een essentieel onderdeel van het huwelijk. Daarom stemt ze ermee in om met Mr. Collins te trouwen.

CAROLINE BINGLEY

Caroline, de zus van Charles Bingley, is hooghartig en opper-vlakkig. Ze is uiterst neerbuigend tegenover de familie Bennet, vooral tegenover Elizabeth, en drijft de spot met hun nederige afkomst. Haar pogingen om de aandacht van Darcy te trekken drijven hem alleen maar dichter bij Elizabeth.

LADY CATHERINE DE BOURGH

De tante van Darcy, ze is zeer arrogant en controleert graag degenen die onder haar staan. Ze belichaamt perfect het sociale snobisme, vooral wanneer ze Elizabeth probeert te distantiëren van haar neef.

MARY BENNET

Mary is de derde van de Bennet-dochters. Ze is pretentieus en geeft de voorkeur aan zelfstudie en lezen boven het omgaan met mensen van haar leeftijd.

CATHERINE (KITTY) BENNET

Zij is de vierde van de Bennet-meisjes, is erg close met Lydia en net als zij in de ban van de officieren.

MR. EN MRS. GARDINER

De broer van mevrouw Bennet en zijn vrouw zijn zeer zorgzame en ontwikkelde mensen, die zich vaak betere ouders tonen voor de Bennet-meisjes dan meneer Bennet en zijn vrouw.

GEORGIANA DARCY

De zus van Mr. Darcy, ze is weinig aanwezig in de roman, maar veel van de personages prijzen haar. Ze is erg mooi en erg verlegen.

ANALYSE

DE KUNST VAN DE DIALOOG

Dialogen zijn zeer aanwezig en gevarieerd in *Trots en vooroordeel*. In de tijd van Jane Austen werden romans vaak hardop voorgelezen; dialoog was daarom erg belangrijk.

Hier spelen ze een fundamentele rol in het verloop van de plot. Er zijn weinig beschrijvingen en de gesproken woorden vormen de actie van het verhaal. De beslissende momenten in de plot komen aan bod in gesprekken en ook in brieven, zoals we verderop zullen zien.

De roman opent bijvoorbeeld met een dialoog tussen mevrouw Bennet en haar man. Zo ontdekt de lezer dat de voornaamste zorg van mevrouw Bennet is om met haar dochters te trouwen. De ironische en sarcastische houding van Mr. Bennet tegenover zijn vrouw, die hysterisch en klagerig is, wordt ook onthuld in deze eerste dialoog:

> – *"Oh! Vrijgezel, mijn liefste, om zeker te zijn! Een alleenstaande man met een groot fortuin; vier of vijfduizend per jaar. Wat een mooi ding voor onze meisjes!"*
>
> – *"Hoezo? Hoe kan het hen beïnvloeden?"*
>
> – *"Mijn beste meneer Bennet,"* antwoordde zijn vrouw, *"hoe kunt u zo vermoeiend zijn! U moet weten dat ik erover denk dat hij met een van hen gaat trouwen." (Hoofdstuk 1)*

Jane Austen gebruikt deze vele dialogen ook om de persoonlijkheid van elk van de hoofdpersonen te onthullen door hen te voorzien van een unieke taalstijl:

- Elizabeth gebruikt ironie om de schijnheiligheid van haar omgeving te bespotten. Ze heeft een gemakkelijke repliek, is openhartig en direct, maar probeert haar gesprekspartner nooit opzettelijk te beledigen;

- Ondertussen gebruikt Miss Bingley haar woorden om haar superioriteit te bevestigen, vooral tegenover Elizabeth. Ze is minachtend en satirisch;

- De brieven van Mr. Collins onthullen een zelfvoldaan en aanmatigend karakter. Zijn toespraken zijn dwaas en saai;

- Lydia is een echte kletskous die trivialiteiten debiteert zonder echte inhoud;

- Mevrouw Bennet is even belachelijk als haar taalgebruik. Haar spraak, bestaande uit absurde roddels, is overbodig en repetitief;

- Darcy is een serieus en weinig spraakzaam personage. Zijn toespraak zit vol cynisme en ironische implicaties. Zijn uitwisselingen met Elizabeth zijn briljant.

Tot slot gebruikt Jane Austen deze dialogische vorm omdat conversatie een zeer belangrijke rol speelde in de sociale verhoudingen van de goede samenleving in die tijd. Dit is ook de reden waarom Darcy niet wordt gewaardeerd door de inwoners van Longbourn: vanaf het eerste bal weigert hij met zijn buren te roddelen en zwijgt hij. Daarom wordt hij aanvankelijk afgeschilderd als een onbeschofte en arrogante man.

Wickham daarentegen is zeer geneigd tot conversatie en is direct geliefd bij iedereen, vooral bij Elizabeth.

EEN EPISTOLAIRE ROMAN

Bijna alle personages schrijven brieven en geven hun mening via hun uitgebreide correspondentie. Bovendien worden via deze brieven belangrijke gebeurtenissen in het verhaal onthuld:

- Dat Jane ziek is en op Netherfield moet blijven, vernemen we uit de brief die ze aan Elizabeth schrijft;

- Caroline Bingley kondigt Jane in een brief aan dat Mr. Bingley en zijn metgezellen Netherfield Park voor onbepaalde tijd hebben verlaten;

- Elizabeth, op reis met de Gardiners, verneemt via een brief van Jane dat Lydia is weggelopen met Wickham en dat zij geen nieuws hebben ontvangen van het buitenechtelijke paar: "Tegen deze tijd, mijn liefste zuster, heb je mijn haastige brief ontvangen; ik wens dat deze begrijpelijker is. [Liefste Lizzy, ik weet nauwelijks wat ik zou schrijven, maar ik heb slecht nieuws voor je, en het kan niet worden uitgesteld" (Boek III, Hoofdstuk 4).

- In een brief legt Darcy aan Elizabeth uit waarom hij het huwelijk tussen Mr. Bingley en Jane probeerde tegen te houden. Hij schetst ook de aard van zijn meningsverschillen met Wickham: "Wees niet ongerust, mevrouw, bij het ontvangen van deze brief, door de vrees dat hij een herhaling bevat van die gevoelens of hernieuwing van die aanbiedingen die gisteravond zo walgelijk voor u waren. [...] Twee overtredingen van zeer verschillende aard, en geenszins van gelijke omvang, hebt u mij gisteravond ten laste gelegd" (Boek II, Hoofdstuk 12).

Veel critici geloven dat *Trots en vooroordeel* oorspronkelijk een briefroman was, voordat hij werd bewerkt. Aangezien er van het oorspronkelijke manuscript niets is overgebleven, is het onmogelijk deze veronderstelling te bevestigen of te ontkennen.

HET BELANG VAN HET HUWELIJK

Zoals de openingszin van de roman suggereert, stonden het huwelijk en de sociale functie die het vertegenwoordigt in Jane Austens tijd voorop. In die tijd hadden jonge vrouwen geen toegang tot hoger onderwijs en het enige beroep dat ze konden uitoefenen was dat van gouvernante. Het huwelijk was voor hen de enige manier om hun financiële zekerheid en sociale status te waarborgen.

De situatie was nog hachelijker in een geval als dat van de zusjes Bennet. Aangezien de nalatenschap van Mr. Bennet een erfdeel is, moet het worden overgedragen aan een min of meer verre neef (Mr. Collins) omdat er geen directe mannelijke erfgenaam is. Bij het overlijden van Mr. Bennet zijn mevrouw Bennet en haar dochters aangewezen op de liefdadigheid van familieleden, hetgeen sociaal zeer vernederend is.

De lezer begrijpt al snel waarom mevrouw Bennet zo geobsedeerd is door het huwelijk. Volgens haar wordt geluk uitsluitend in financiële termen gemeten. Andere personages redeneren op dezelfde manier en beschouwen het huwelijk als een eenvoudige financiële en sociale transactie:

- Mr. Collins begrijpt de weigering van Elizabeth om met hem te trouwen niet, terwijl zijn situatie haar zoveel voordeel zou opleveren: "Het komt mij niet voor dat mijn hand uw aanvaarding onwaardig is, of dat de vestiging die ik kan bieden anders dan zeer wenselijk zou zijn [...] en u moet er verder rekening mee houden dat het, ondanks uw vele aantrekkelijkheden, geenszins zeker is dat u ooit een ander huwelijksaanbod zal worden gedaan" (Hoofdstuk 19);

- Charlotte bekent aan Elizabeth dat ze er alleen mee heeft ingestemd om met Mr. Collins te trouwen vanwege zijn sociale situatie en zijn geld. Het is een verstandshuwelijk, geen liefde: "Ik vraag alleen een comfortabel huis; en gezien het karakter, de connecties en de situatie van meneer Collins in het leven, ben ik ervan overtuigd dat mijn kans op geluk met hem zo eerlijk is als de meeste mensen kunnen opscheppen bij het aangaan van een huwelijk" (Hoofdstuk 22);

- Miss Bingley wil zowel haar eigen sociale stijging als die van haar broer verzekeren door te trouwen met Mr. Darcy.

Ten slotte presenteert Jane Austen, door middel van de verschillende echtparen die zich in de roman vormen, verschillende modellen van het huwelijk:

- Lydia en Wickham. Dit is het slechtste huwelijk in de roman. Wickham is verraderlijk, een gokker en houdt niet echt van Lydia. Hij stemt ermee in met haar te trouwen in ruil voor geld van Darcy. Lydia is te dom om in te zien dat ze de reputatie van haar familie in gevaar brengt en denkt dat haar huwelijk echt uit liefde is gesloten;

- Mr. en Mrs. Bennet. Verblind door de schoonheid en jeugdigheid van Mrs. Bennet, ziet Mr. Bennet niet meteen de domheid en nutteloosheid van zijn vrouw in. Hij doet echter niets om te proberen hun relatie te verbeteren. Hij vermijdt liever zijn vrouw en zoekt zijn toevlucht in zijn bibliotheek. Dit is een intellectueel onevenwichtig huwelijk;

- Mr. Collins en Charlotte. De 27-jarige Charlotte, die niet erg knap is, heeft weinig hoop op een huwelijk. Met deze verbintenis krijgt ze toegang tot een goede sociale status, materiële gemakken en een zekere mate van onafhankelijkheid. Mr. Collins trouwt uit plichtsbesef, omdat Lady Catherine de Bourgh hem onder druk zet om het goede voorbeeld te geven;

- Mr. en Mrs. Gardiner. Dit is een stabiel en volwassen huwelijk, in tegenstelling tot dat van de Bennets. Overeenstemming en respect staan voorop in hun relatie.

- Jane en Mr. Bingley. Jane trouwt vooral met Mr. Bingley omdat ze van hem houdt, niet om haar fortuin. Bingley is ook erg gesteld op Jane en hecht geen belang aan sociale status. Dit is een echt liefdeshuwelijk;

- Elizabeth en Darcy. Elizabeth trouwt, net als Jane, niet uit hebzucht. Haar keuze is vrij en onafhankelijk. Ze is op zoek naar geluk en persoonlijke vervulling. Ze is oprecht en doet niet alsof ze liefheeft om sociale status te verwerven zoals Miss Bingley. Darcy en Elizabeth slagen erin obstakels te overwinnen (Elizabeths vooroordeel, Darcy's trots) en worden gelijkwaardige partners. Hun huwelijk is gebaseerd op achting en wederzijds respect.

VERDERE REFLECTIE

ENKELE VRAGEN OM OVER NA TE DENKEN...

- Volg de verschillende reizen van de zusjes Bennet door de roman heen. Wat is volgens jou de belangrijkste functie van deze reizen? Welke gevolgen hebben ze voor de toekomst van de vrouwen?

- De roman opent met deze zin: "Het is een algemeen erkende waarheid, dat een alleenstaande man met een goed fortuin, een vrouw tekort komt. "Hoe ironisch is deze zin? Waarom begint Jane Austen haar roman volgens jou op deze manier?

- *Trots en vooroordeel werd* anoniem gepubliceerd. Denk, rekening houdend met de tijd waarin Jane Austen leefde, aan drie mogelijke verklaringen hiervoor.

- Wat symboliseert het landgoed Pemberley?

- De oorspronkelijke titel van de Jane Austen-roman was *First Impressions*. Wat maakt deze titel even geschikt?

- Analyseer het karakter van Mr. Bennet grondig. Is hij naar uw mening sympathieker of onaangenamer? Is hij een hulp of een tegenstander in de zoektocht van de Bennet-dochters naar een huwelijk?

- Jane Austen gebruikt herhaaldelijk ironie in de roman. Neem vijf voorbeelden en licht ze elk toe.

- Waarom denk je dat de roman vandaag de dag nog steeds zo populair is?

- Laat zien hoe sommige secundaire personages, zoals Miss Bingley, Mr. Collins en Lady Catherine de Bourgh, door Jane Austen zijn gecreëerd om Elizabeth en Darcy dichter bij elkaar te brengen.

- Welke relatie heeft mevrouw Bennet met haar dochters (met name Elizabeth en Lydia)?

VERDER LEZEN

REFERENTIE-UITGAVE

Austen, J. (1853) *Pride and Prejudice.* Londen: Spottiswoodes en Shaw.

REFERENTIESTUDIES

Sparknotes Editors (2002) *Sparknotes on* Trots en vooroordeel *van Jane Austen.* New York: SparkNotes LLC.

AANPASSINGEN

De roman is het onderwerp geweest van vele bewerkingen, sommige meer trouw aan de oorspronkelijke roman dan andere. De meest opvallende zijn de volgende:

Pride and Prejudice. (1995) [6-delige televisie serie]. Sue Birtwistle en Simon Langton. Dirs. UK: British Broadcasting Corporation (BBC).

Bridget Jones' Diary. (1996) [Boek]. Door Helen Fielding. Deze roman bevat veel elementen van *Trots en vooroordeel* in een twintigste-eeuwse context. Het werd ook verfilmd in 2001, met Colin Firth, Hugh Grant en Renée Zellweger in de hoofdrollen.

Pride and Prejudice (2005) [Film]. Joe Wright. Dir. Frankrijk/UK: Focus Features.

Becoming Jane. (2007) [Film]. Julian Jarrold. Dir. UK/Ierland: HanWay Films/UK Film Council. Deze film bevat elementen van *Trots en vooroordeel* vermengd met de biografie van Jane Austen.

Pride and Prejudice and Zombies. (2009) [Boek]. Door Seth Grahame-Smith. Parodie op de roman van Jane Austen, een combinatie van sciencefiction en horror.

*We horen graag van jou! Laat
een reactie achter op jouw online bibliotheek
en deel je favoriete boeken op social media!*

De uitgever garandeert de betrouwbaarheid van de gepubliceerde informatie, die echter niet onder zijn verantwoordelijkheid valt.

www.50minutes.com

Master ISBN: 9782808688215
Papier ISBN: 9782808699617
Wettelijk depot: D/2023/12603/1241

Omslag: © Primento

Digitaal ontwerp: Primento, de digitale partner van uitgevers.